사랑의 무게

양건상&김하윤(동시)

『또 한 번의 시집을 펴내면서』

　시집 제4권 "아내의 정원"을 펴내고 이제는 손끝에 휴(休)를 누려야겠다 생각하고 한동안 글을 멈췄습니다. 그러나 문예감성의 기질이 되살아나 머리와 손끝을 움직이게 하여 순간순간 모은 글들을 정리하여 제5집 "사랑의 무게"라는 제목으로 펴내게 되었습니다.

　늦깎이로 출발한 문단의 세계에서 절제된 감정과 정감어린 시어를 찾아내 글을 쓴다는 것은 새로운 시집을 펴낼때마다 언제나 느껴지는 시련이었습니다. 은유적인 언어유희보다는 생활 속에서 공감되는 솔직한 문장을 구성해 보려고 한편의 시를 머리속에 넣고 속앓이를 많이 했습니다.
　읽는 분들이 삶과 생활에서 공감을 나누면 좋겠습니다.

　이번 5집은 외손녀 김하윤 동시집을 함께 묶었습니다. 초등학교 2학년에 행복문화재단에서 실시한 어린이 동시에 "공주님 우리엄마" 외4편을 출품하여 운문부문 우수상을 수상(2019.10.17) 하였기에 열여섯편을 모아 수록하였습니다.

　애독해 주신 분들께 머리숙여 감사를 드립니다.

2021년 2월 일

선화동 글방에서...

■ 추천서-양건상·김하윤의·공동시집 「사랑의 무게」

양건상 시인의 시 세계-전환과 도약
김하윤의 참신하고 아름다운 동시

국제펜 이사
도 한 호

　양건상 시인이 네 번째 시집, 「아내의 정원」을 펴낸 지 겨우 1년이 조금 지났을 뿐인데, 벌써 다섯 번째 시집 「사랑의 무게」를 상재 한다. 창작에 대한 그의 열정이 대단하다 하겠다. 이 시집이 특이한 것은 양 시인이 초등학교 3학년에 재학하는 그의 외손녀 김하윤 양의 동시 열일곱 편을 함께 묶어서 공동으로 책을 펴낸다는 점이다. 하윤 학생은 2019년 10월에 〈행복문화재단〉에서 공모한 문학 행사의 문예 작품 공모에 응모해서 대전광역시 설동호 교육감으로부터 우수상을 받은 바 있다.

　양 시인의 삶과 문학에 대한 열정과 시의 경향성은 이미 우리가 알고 있거니와 어린 소녀 하윤이가 쓴 열일곱 편의 시에는 천진함과 인간관계와 사물을 직관하는 총명한 눈빛이 보이며, 또 우리말을 표현하는 솜씨도 예사롭지 않다.

　양건상 시인은 일찍이 「대전문학」으로 문단에 데뷔했

으며, 최근에 창간호를 발간한 「목요문학」 동인의 발기인 중 한 사람으로서 현재는 〈목요문학회〉 회장직을 맡고 있으며, 〈대한예수교장로회 총회 합동〉 소속 목사로서 총회 소속의 군 선교회 대전지회장도 맡아서 분투하고 있는 시인이다.

양 시인의 시는 네 번째 시집까지(전반기)의 시풍(詩風)이라 할까, 시의 경향성(傾向性)과 이번에 펴내는 다섯 번째 시집과는 시의 소재(素材)가 크게 변화된 점이 보인다. 전반기에 발표된 시의 내용에는 유년 시절의 추억과 가족, 및 고향을 주제로 한 작품이 많았던 반면, 이번 다섯 번째 시집에는, '계절 여행,' '가을 여행,' '가을비 사연,' '가을밤' 등 계절, 특히 가을에 대한 단상이 많다. 이 시집에 수록된 시의 대부분이 아마 지난해 가을에 쓴 시일 것이라고 짐작되기도 한다.

그러나 언제 무엇을 주제로 썼느냐 하는 것보다 중요한 것은 양 시인이 유년과 고향이라는 과거에서 고개를 돌려, 광활한 우주에 던져진 미약한 존재로서의 자신과 자신을 둘러싸고 있는 세계를 보기 시작했다는 점이다. 추천자는 이를 "전환과 도약"이라고 말하고 싶다. 그의 시, '하늘, 땅, 나'에서 그는 이렇게 고백했다.

하늘과 땅 사이에
하잘것없는 목숨을 부여잡고
존재라는 삶의 의미를 찾아

．．．．．．．．．．．．．．．

〈부분〉

　양건상 시인은 이별, 고향 생각, 그리움 등으로 표현되는 '과거'라는 알을 깨고 나와서 새로운 시 세계에 발을 들여놓은 것으로 보인다. 그는 지금도 훌륭한 시인이지만, 앞으로는 더 절제되고, 더 깊고, 더 아름다운 시를 쓰는 시인이 될 것이라고 확신하는 바이다.

　　　　　＊　　　　　＊　　　　　＊

　하윤이는 자기 주변의 사물과 사람을 묘사하면서 과장하거나 잘 쓰려고 억지를 부리지 않고, 보고 느낀 것을 진솔하게 표현해서 추천자마저 그의 시를 읽으면서 고개를 끄덕이고 감동하게 했다. '신발,' '장마,' '선생님,' '가방,' '걱정이에요,' '둘이 서로 만나서,' '풍선' 등 열일곱 편의 시가 모두 동심의 세계에서만 볼 수 있는 천진함과 솔직한 아름다움을 보여 준다. 수상작으로 보이는 "하늘과 나"는 순수한 동심이 엿보이는 고운 시이다. 하윤이가 많이 읽고, 많이 써보고, 발표도 많이 해서 갈고 닦아서 훌륭한 시인으로 성장할 날을 기대하며 그의 수상작 일부를 아래에 적는다.

하늘은 파랗고 하얗고 연하다
때로는 기분이 안 좋아서
뿌옇기도 하고 까맣기도 하다
낮에는 하얗고 저녁에는 까맣다

내 기분이랑 하늘, 무언가
통하는 것 같다
〈하늘과 나〉 부분

 양 시인과 그의 귀여운 외손녀 하윤이가 함께 펴낸 이 아름다운 시집이 많은 독자에게 읽혀서 코로나바이러스로 움츠러든 동서남북 사람들에게 신선한 감동과 기쁨을 줄 것이라고 믿으면서 추천사를 마친다.

2021년 2월 12일
도한호(국제펜 이사, 〈세종일보〉논설위원장)

❖ 일상 속 행복을 발견하는 쾌활한
순수함에 웃음이 번지다
〈김하윤 동시 추천사〉

대전목동초교장
김 명 희

  다른 사람을 웃게 할 수 있다는 것은 자신에게도 타인에게도 참으로 복된 재주입니다. 하윤 학생의 시를 읽으며, 저도 모르게 웃게 되는 선물 같은 순간들이 있었습니다.
  그 순간들은 마치 하윤 학생의 또래 친구가 된 듯하였습니다. 하윤 학생과 함께 일상을 보내는 느낌이 듭니다. 예쁜 공주님 같은 엄마, 뭐든 다 아는 마술사 같은 선생님, 황홀한 솜사탕의 맛, 싫은 시간은 아주 늦게 간다는 나쁜 시계 등에 관해 서로 공감하며 한바탕 재미난 수다를 떤 기분입니다. 한편으론, 지구의 환경에 관해 진심으로 걱정하기도 하고, 언니가 부러워 언니처럼 되고 싶다는 하윤 학생에게 나는 친오빠가 부러워 오빠처럼 되고 싶다며 서로 주거니 받거니 동생들만의 투정을 부리고 싶어졌습니다.
  그냥 지나칠 수 있는 사소한 것들을 재기발랄한 감성으

로 풀어낸 시를 보며, 아련한 저의 어린 시절을 추억하게 됩니다. 어릴 적엔 저도 하윤 학생처럼 소소한 것들에 주목하고 감동하며 작은 시인이 되기도 했습니다. 보기만 해도 설레는 아이스크림과 알사탕을 맛보며 그 달콤한 순간들을 풍부하고 섬세하게 느끼던 시절이 있었습니다.

그렇던 저는 어느새 나이가 들어가며 일상의 소중함에 더없이 무뎌져가고 있음을 깨닫습니다. 쾌활한 순수함이 담긴 시들 덕분에 저는 잊고 있던 저의 어린 시절과 만날 수 있어 무척이나 반가웠습니다.

하윤 학생은 자신 주변의 평범한 일상에서 보석 같은 쾌활함을 이끌어내고 있습니다. 활기 가득한 태도와 순진무구한 마음으로 성의 있게 일상을 바라봅니다. 자신에게 소중한 것들을 애정 어린 시선으로 주의 깊게 바라보고, 자신만의 사랑스럽고 아기자기한 표현들로 예뻐해 줍니다.

사소한 것에서도 행복을 느낄 수 있는 것은 어린 시인만의 특권이라고 생각합니다. 하윤 학생은 그 특권을 혼자 누리지 않습니다. 하윤 학생의 시는 자신의 행복을 창의적으로 표현하여 읽는 이까지 행복하게 웃음 짓게 합니다. 하윤 학생의 시를 읽는 동안, 저는 함께 웃고, 함께 행복할 수 있었습니다. 행복이 그리 멀지 않고, 그리 어렵지 않은 곳에 있음을 새삼 느끼게 해주는 멋진 글들이 귀하게 다가옵니다.

앞으로 훌륭한 시인으로 성장하기를 기대해봅니다.

[차 례]

■ 추천의 글 - 도한호 시인(국제펜 이사)
■ 추천의 글 - 김명희 교장(목동초등학교)

<삶의 전선에서 울려오는 감성들>

바람따라 물결따라	020
야생마	021
파도여	022
등 대	023
황혼의 길에서	025
파란만장	026
잡초가 꽃 필때	028
겨우살이	030
제국건설	032
유혹	034

<미련의 세월속에 떠오르는 감성들>

아쉬움	036
연애시절	038

너와내가	······	040
소녀감성	······	041
짝퉁인생	······	042
삶은 꿈인가봐	······	044
동심	······	045
피뿌리 꽃 일생	······	047
그때 그소리	······	048

<코로나가 가져다준 감성들>

코로나 부동석	······	052
2020년 성탄절	······	053
코로나 추석	······	055
코로나 거리	······	056
만남이 없는 만남속에서	······	058
싸이렌 소리	······	060

<사랑의 언어가 주는 감성들>

아~ 사랑하고 싶어라	064
있는 모습 그대로	065
사랑의 무게	066
5월의 사랑	067
사랑의 순서	069
사랑의 묘약	071
사랑의 옹이	072
그리하지 아니하실지라도	074

<생활에서 오는 감성들>

눈에 걸린 달	077
6월의 노래	078
낙엽의 아우성	080
간밤의 통증	082
생각없는 남자	084
월 세	086
바 둑	088
왠지 그런 날	090
쪽 잠	092

부동산 풍경	......	093
아내가 뿔났다	......	095
설날 아침이 되면	......	097

<계절에서 느껴지는 감성들>

가을비 사연	......	099
단풍미인	......	100
계절여행	......	101
가을여행	......	103
가을 밤	......	104
가을감정	......	105
금잔화	......	107
참나리 꽃	......	108
밤 비	......	110
하늘, 땅, 나	......	111
갈대밭 사이 길	......	112

<인연과 인연사이에서 맺어진 감성들>

부 모	......	114

엄마의 향기 116
단풍미인들의 향기 117
내장산 하얀 소녀들 119
원목교회 120

<행사 낭송시>

더하기. 빼기(+.-) 122
〈광복절 기념예배에서〉

비전2020 총회 헌시 124
〈사랑의 교회에서〉

진중 세례식 127
〈논산 훈련소에서〉

제 17회 대전지회총회 129
〈판암장로교회에서〉

성탄절에 예수님은 어디에 132
〈새힘교회에서〉

스물셋 천사들의 복음의 팡파레 135
〈제자교회, 필리핀 선교를 다녀와서〉

달려갈 길 다가고 138
〈정림제일교회, 김원필 목사 원로 추대식에서〉

큰 별 141
〈가장축복교회 강의창 장로 원로 추대식에서〉

별빛처럼 빛나거라 143
〈새힘교회 안수집사 박영건, 원옥자, 김영숙권사 임직식에서〉

∥김하윤 동시집∥

공주님 우리 엄마 146
신발 147
장마 148
선생님 149
가방 150
솜사탕 151
걱정이예요 152
그림 154
나쁜시계 155
둘이 서로 만나서 156
사탕 157
아이스크림 158
스노쿨링 159

언니	160
풍선	161
하늘과 나	162
우리교장 선생님	163

■ 시평 - 엄문용 문학박사 164

삶의 전선에서 울려오는 감성들

바람따라 물결따라

바람 부는 대로 고개를 숙일 줄 알면
다치고 꺽이는 일 없을텐데
바람이 어디서 일어
어디로 가는지 알 수 있다면
바람따라 가리라

물결따라 아래로 흘러갈 줄 알면
막히고 끊어지는 일 없을 텐데
골짜기에서 솟아나와
갈길 찾아 흘러가는 지혜를 안다면
물결 따라 가리라

바람은 숙이라 하고
물결은 맑으라 하네
아~ 곤한 인생이여
청명한 하늘아래 사는 것이
이렇게도 부끄러울 줄이야

야생마(野生馬)

사람 태우는 준마(駿馬)는 싫다
훈련된 자유는 자유가 아니다

자연적 태생으로부터
누리를 누비며
기질(氣質)그대로 달리고 싶다

손질 없이 거칠어진 갈기를
바람에 맡기며 태양을 만끽하는
야생마(野生馬)의 자유를 아는가.

*누리: 온세상

파도여

푸른바다 드넓은 광장에서
수평선에서 지금까지
끊임없이 춤추는 파도여

청춘의 가슴속에 울렁이는
사랑의 정열로 밀려와
멈추지 않는 춤을 추게 한다.

하얀 거품을 품고
허공중에 뿌려지는
너의 순수한 백지장 같은 사연

단한번의 사랑에 취한다면
흔적없이 부서진들 서러울까보냐
파도여, 멈추지 않는 세레나데(serenade)

등 대

바다 끝, 섬 끝에
외롭게 서 있는 망부석
부딪쳐 우는 파도의 사연을
온몸에 담은 채

낮에는 눈감고
침묵을 지키고
밤이 되면
바다를 하얗게 내려다보며

길 잃은 고동소리에
이정표로 깜빡거리며
안전한 포구(浦口)로 안내하는
방황자의 희망

캄캄한 밤에
서러운 사연의 눈물을 뿌리며
갈길 못 찾아 헤매는 자의

희망의 등대여
이 밤에 빛을 비추라

황혼의 길에서

가을벌판 서산넘어
황혼지는 노을햇살
허수아비 외로움에 떨고
하늘에는 까마귀 날며
까악~ 까악~ 날 부르는 소리

길게 늘어진 그림자는
살아온 생애만큼이나 늘어져
슬금슬금 다가오는 밤거미에 묻혀가고
낙엽날리는 소슬바람이 살가에 차겁다

외롭게 걷는 노혼(老昏)의 발걸음이
이제는 더 바랄 것 없는
여유로움으로 자연속에 묻혀가면서
해 떨어진 서산을 향해 걷는다.

파란만장(波瀾萬丈)

가파로운 천리길 낭떨어지
하늘에 목을 걸고 외줄타기 광대로
"앞만 볼지라!" 천명(天命)을 받아
오직 계시(啓示)의 삶을 살았다.

난간의 고비고비에서
여울목에 허우적 거리는 사내처럼
삶에 밑바닥 굳은 일 허로 핥이 삼키니
죽었다가 다시 살아난 전설같은 운명

시가 흐르는 푸른 창공에
침을 뱉어 봤자 제 얼굴에 떨어지는 것을
태어난 생명을 어쩌자고
모질게 타박하며 살아 왔는지

머리 끝에 흰서리 맺히니
이제야 조금은 섭리(攝理)를 알 것 같다
푸른바다가 바위에 제 몸때려
하얗게 부서져 사라지듯

형체없이 죽어짐이 안식인 것을
파란만장(波瀾萬丈) 겪고서야
비우는 지혜를 얻어 안식하려하니
아~ 때가 늦어라

잡초(雜草)가 꽃 필때

마른땅에 흠모할 것도 없이
이름없는 풀로 아무데나 뿌리박고
품새없이 천하게 버려진 흔한 것

아무도 거들떠 보지 않지만
토라짐 없이 묵묵한 침묵속에
끈질긴 생명력 하나는 천성(天性)

밟아도 쥐어 뜯어도
변함없는 그 자리에
언제나 꿋꿋한 그 모습

이름붙여 주지 않아서
불러주지 않아서
우는 서러움은 행복한 주제

"꽃없는 풀 없다." 더니
억세어진 마지막 몸부림에
줄기하나 세워 꽃망울 피우니

밟히는 질고(疾苦)의 생애였지만
그래도 마지막 면류관 쓰고서
겨울의 눈속에 잠든다.

겨우살이

벌써
을씨년스런 바람이 홑겹속으로 파고 들어와
겨울의 문턱임을 알립니다

오늘도 빈손으로, 발걸음 무겁게
뻥- 하게 뚫린 허전한 마음으로
집으로 돌아가고 있습니다.

방문을 열면
토끼눈알처럼 밝은 눈동자를 굴리며
반갑게 맞이할 아내가 있습니다

철없이 안겨오는 자식들은
내일의 쓸 돈을 청구 할 것입니다.

겨우살이가 준비되지 않은
흙수저 인생이기에
늦가을이 되면 구르는 낙엽처럼

어디인가로 흔적없이 날아가고 싶습니다.

머지않아
처마밑의 고드름이 내 살을 헤비며
이불속으로 쪼그라드는 몸뚱아리를
사정없이 난도질을 할 것입니다.

제국(帝國)건설

야망의 세월이 시작되었다
정상(頂相)에서 깃발을 휘둘러야한다
가시덤불 헤치고 숨 몰아쉬며
26,645일을 태산에 오르니

짙은 푸른 하늘에 흰 구름 한조각
바람결에 날려와 내품에 안기는데
어찌 그리 평화로운지
평화, 평화로다

중국의 황하의 벌판이
러시아의 눈더미속의 초원이
미국의 그랜드 빌딩이
무엇이 그리 클소냐

알밤만한 내 마음
도토리 굴리듯 살아왔지만
마음속에 평화의 깃발 날리니
이야말로 제국건설 아닌가

*주 26,645일=73년의 일수

유혹

정갈한 길에서 늘상 걸어야 하는 길
한 눈 팔지 말고 가야할 그곳
별것도 아닌 그곳
정갈한 마음은 그곳만 바라보라고 하네

호랑나비 한 마리
화려하게 춤추며 눈앞에 어른거려
발길을 멈추니
동공(瞳孔)은 이에 호랑나비를 쫓아가네

마음은 갈대가 되어
봄바람처럼 흔들리고
발걸음은 이정표를 잃어버리고
혼돈(混沌)의 거리를 걷게하네

주 *정갈: 깨끗하고 바름

미련의 세월속에 떠오르는 감성들

아쉬움

보내야 하는
이별의 손을 놓고
콧잔등에서 찡한
눈물이 글썽거렸다.

다시 한번 붙잡고 싶은
아쉬운 아픔을
입술을 물어 달래며
무거운 발걸음 돌렸다.

그날
뻥 뚫려진 허공 속에
바람에 날려가는
낙엽의 잎새처럼 방황했다.

아쉬움의 그림자는
잠자리까지 따라 붙어
눈감은 동공 속에 지워지지 않아
하얀 밤으로 지새웠다.

연애시절

우유빛 같은 그녀의 살결속에서
양털같은 부드러움을 느끼며
나의 손은 조약돌 만지듯 멈추지 않았지

별빛같이 빛나는 눈동자에 끌려
그대 주위만 돌다가
세상이 무엇인지도 몰랐지

앵두같은 입술을 열면 너무 좋아서
꼭두각시 재롱으로 그녀의 마음을 훔치며
행복에 겨워 돈키호테가 되었지

개미 같은 허리가 품에 감겨
활궁(弓)처럼 휘어오면
구운몽(九雲夢) 꿈결 속을 헤메였지

옥수같은 그녀의 손길이 몸에 닿을 땐
전율이 흘러 순간이 멈춰지는 찌릿함

아~아~ 그리워라, 연애시절!

되돌릴 수 없는 시계 바늘에 끌려
달콤한 연애시절은 아픈 추억이 되어
미련만 쌓이는 문신(文身)으로 되살아난다

너와 내가

세상이 아름다운 것은
너와 내가 함께
사랑의 그림을 그려왔기 때문이야

삶이 행복한 것은
너와 내가 마음이
다르지 않았기 때문이야

오늘도 기쁨이 넘치는 것은
너와 내가 지금
함께 하고 있기 때문이야

세월을 후회하지 않는 것은
너와 내가 언제나
동행하고 있는 것 때문이야

소녀감성

소녀는 눈빛이 참으로 맑았습니다.
밤하늘의 별빛처럼
맑은 호수의 에메랄드 빛처럼
그녀의 눈빛속에
빨려들어가지 않을 것이 없습니다.

소녀의 입술은 딸기 같이 붉었습니다.
빨간 입술 열리면 또르르...
쟁반위에 옥구슬 구르듯
천사의 노래 소리가 되어
세상의 모든 귀가 쫑긋이 귀울였습니다.

소녀의 볼은 익어가는 복숭아였습니다.
아직은 털이 덜 벗겨진
붉어지는 앳된 과일
여린 순정이 감춰져 있는
신비한 비밀이 풍겨오는 소녀였습니다.

짝퉁인생

진짜 같지만 가짜다
허영에 날뛰는 여인의 진주목걸이

반짝반짝 빛나는 에메랄드 빛속에
감춰진 정욕과 탐욕
속에서 풍기는 썩는 냄새

짝퉁으로 향수를 뿌리고
스크루지의 자화상을
마음벽화에 그려놓고

천사같은 감미로운 입술로
사랑을 노래하며 동전몇냥으로
선한 사마리아 사람의 흉내

짝퉁인생은 여기도 있고
저기도 있으니
진짜가 발붙일 곳 없어

진리를 붙잡고 우는데
홍포자락마저 짝퉁이 되어
회개하라! 회개하라!

* 선한사마리아 사람(눅10:30): 강도 만난
  사람을 구제한 사람
* 홍포: 예수님이 걸치고 다닌 겉옷

삶은 꿈인가봐!

살아온 길 뒤돌아보니
거리거리 많은 거리 헤메었건만
꿈의 거리를 헤매였나보다
희미한 물안개에 아롱져
흩어져가는 아련한 추억들
아~ 덧없는 인생아!

아직도 생의 미련에 잡혀
수고하고 무거운 짐을 지고
꿈의 거리를 헤메이는가
한줌의 재가 되어 허공중에 날아갈
꿈같은 삶이여!

동 심(童心)

도시빌딩사이로 KTX기차가
스르르 눈 깜짝 할 사이 사라진다
소년시절 기차타고 서울가던 시절
낭만의 동심은 비둘기호 만큼이나
오랫동안 KTX 꽁무니를 쫓는다

아직도 철이 덜 들었나 보다
쫓기는 생존 경쟁 앞에서
자꾸만 아버지 소몰고 가던
황금벌판 논두렁 길이 지워지지 않는다

도시 가로수의 앙상한 가지를 보면
꾀벗둥이 동무들과
미루나무가지 꺾어 칼 싸움하며
승리의 함성을 지르던 그 음성이 튀어나온다

어린시절의 추억이
동심으로 사로 잡아

낭만의 여행을 떠나게 하는
어른아이의 짓궂은 심사가
세월을 얄밉게 한다

피뿌리 꽃 일생

가슴에 피뿌리 꽃을 심고
살아간 여인아
입술에는 붉은 상두화를 피우지만
살속으로 퍼져가는 피뿌리는
신음이 되다못해
먹가슴이 되어
존재하는 가치를 잃어버리고
꿈이없는 세월을 살아간
내 사랑하는 누나의 일생

그때 그 소리

60년대 초반 부산 초량천 따라
미로같은 골목을 만들며 늘어진 판자촌
사람도 비켜가야 할 좁은 골목길에서
시간을 알려오는 정다운 소리들
그때는 참 시계도 귀했지

꼭두새벽이면
구성진 아줌마의 애절한 "재치국~ 자갈치 재치국~"
동이 트일만하면
음탁스러운 사나이의 "뚫어~ 막힌데 뚫어~"
밥상물리치고 가방 챙길 때
애달픈 소년의 외침 "닦어~ 구두닦어~"
이렇게 아침시계는 흘러가고 있었다.

햇빛이 정오에 오르면
허스름한 사나이가 엿판을 등에매고
가윗소리 쟁쟁울리며
서투른 품바로 "울릉도 호박엿~ 병이나 고무신~ 다가지

고와~"
좁은 골목을 무대삼고 흥을 떠는 소리

골목에 해 그림자 사라질때면
딸랑딸랑 방울소리와 함께
두부모판 등에지고
우람한 체격으로 나타나는 사나이

"두부사이소~ 두부, 따끈한 두부인기라~"

저녁상 물리치고 뜨락에 앉아 부채질할 때
사각나무통 맨 소년의 가냘픈 외침
"아이스께끼~ 시원하고 달콤한 아이스께끼~"
조름이 아름아름 눈꺼풀을 덮을 때
간지러운 사랑의 목소리로 "찹쌀 떡~ 달콤한 찰쌀 떡~"
침 삼키며 잠들면 아련히 들려오는
통금시간이라고 딱, 딱, 딱 치는 야경의 소리

꿈속에서라도 다시 듣고 싶은
그때 그 소리, 향수의 소리
잊을 수가 없다.
그때는 그 소리가 시계였지

코로나가 가져다 준 감성들

코로나 부동석

옛말이
남.여 칠세 부동석이라더니

지금은
거리두기 부동석이랍니다.

거기에
마스크 채우고 말조심하라고

남의 손
함부로 잡지 말라고 하네요.

세상은
갈수록 요지경으로 변하는데

사랑은
한번 박히면 빼 낼 수 없네요.

2020년 성탄절

별을 쫓아간 동방박사들
별빛이 멈춘 곳에
메시야의 영광이 있었으니

그곳은
헤롯의 궁궐이 아니라
마굿간의 구유였다

하나님의 사랑의 눈물이
마리아의 치마폭을 적셔
아기 예수의 온몸을 감았다.

별빛 사이로 퍼지는 천사의 노래
"하늘에는 영광, 땅에는 평화"
첫 번 크리스마스에 초대된 목자들

"권세 있는 자를 내려치시고
비천한 자를 높이시는" (누가복음 1:52)

구원의 큰 기쁨으로 거룩한 밤

2020년 성탄절은
아무도 초대 될 수 없는
거리두기에 비대면 성탄절

종탑위의 십자가 등은 밤새워 졸고
산타는 마스크로 입을 봉한채
도시의 곳곳을 헤멘다.

너무 고요한 밤이 되어
츄리의 깜박거림이 외롭게 보이는 밤
성탄의 거룩한 밤이 사라졌다

성탄!
깊고 깊은 오막살이에도 탄일종이 울리는
첫 번 크리스마스가 그립다.

코로나 추석

밤하늘에 둥근달 멀리도 떴다
코로나 19로 손끝에는 달이 없다
손자 손녀의 둥근달은 어디에 있나

부침개 부치는 며느리 손 그리웁고
화들짝 웃어대는 아들 딸 목소리
문 밖에 들려오는 것 같다

영감 할멈 마주 앉아
선물 보따리 끌러보며
코로나는 언제 끝나려나?

코로나 거리

세상에
마스크가 비싼 일상의 옷이 될줄이야
가방 메고 방을 나서는 자녀들에게
"마스크 쓰고 가냐?" 새로운 외침

요즈음
거리에 나설 때 마스크 안쓰면
벌거벗은듯한 느낌으로
온몸에 부딪쳐 오는 시선들

거리에
가까이 할 수 없는 사회적 거리두기로
양팔 벌린 허수아비 군상(群象)들이 걷고
미소 잃은 도시는 회색의 하늘에 묻혔다

만남이
외로워진 밤거리에 불빛만 반짝이고
집콕생활에 산소빠진 풍선 얼굴로

창 넘어 화려한 밤거리에 향수를 뿌린다

다음에
무엇이 또 올것인가?
무거운 침묵속에 벽시계와 함께 보낸 하루
밤이 없는 쪽잠으로 시들어진 하얀거리를 본다.

만남없는 만남속에서(코로나 19)

시작도 끝도 없는 바이러스는
창세부터 육체의 기생충으로 자리 잡았다
인류가 발전하듯
그놈들도 분열하며 발전하더니

2020년 새해와 함께
코로나 19로 세계에 팬데믹의
싸이렌 소리를 울리게 한다
코로나 19 코로나 19

너도 나도 멀어져야만 한다
사회적 거리
얼굴을 가리고 떠돌아다니는
미스터리 군상들
너도나도 마스크, 마스크

콘크리트 벽으로 빼앗긴 정마저
그놈은 도시를 삭막한 사막으로 만들었다

숨이 막힌다 답답하다
모래알을 씹는 듯한 언어의 투박함이여

만남없는 만남속에서
집콕(house life)에서 핸드폰이나
카톡, 카톡, 카톡...... 그것도
지루하면 TV 리모콘이나 눌러보란다.

사람을 만들고 후회하신
창조주의 말세의 경고인가
지혜 있는 자는 깨달을진저
코로나 19의 재앙을……

싸이렌 소리

거리의 확성기에서는 울리지 않는 소리
TV, 미디어에서만 웽~웽~
팬데믹!(pandemic!) 팬데믹!(pandemic!) 코로나19 팬데믹!

눈 속에 들어오는 화면의 큰 글자가
긴장감을 높여준다.

보이지 않는 바이러스와의 전쟁
21세기의 새로운 전쟁
방역전쟁이 일어났다.

마스크 쓰고
손 소독 하고
체온 측정하고
거리 2m 띄우고

눈동자에서 울리는 웽~ 웽~ 거림
아침마다 매스컴에서 들려오는 사이렌 소리
마스크 위로 눈빛만 반사되는 긴장감

용사들은 진단키를 들고
아군의 콧구멍과 입구멍을 쑤셔댄다
음성이냐? 양성이냐? 판정에 따라
포로아닌 포로가 되어 격리수용된다

전쟁은 한해가 넘어섰다
동공(瞳孔)에 들어오는 사이렌 소리가
이제는 지겹기만하다.

전시상황보고, 2021년 2월 13일 현재.
아군 5,000만명, 적군, 무지기 수
아군피해 전상자 83,199명, 전사자 1,514명
이와 같이 보고합니다. 충성

흩어지면 살고
뭉치면 죽는다
5인이상 뭉치지 마라
보이지 않는 적기가 공습한다

사랑의 언어가 주는 감성들

아~ 사랑하고 싶어라

밤하늘의 별빛이
마음의 등대되어
외로움을 달래듯

나 그대앞에 별빛 되리라
길 잃어 울고 있을 때
그대 눈망울속에서 빛나고 싶어라

사노라면
모래바람 사납게 불때도
그대앞에 떠 있는 별이 되리라

아~ 사랑하고 싶어라
그대곁에 지지않는 영원한 별빛으로
그대의 하늘에 떠 있고 싶어라

있는 모습그대로

가꾸지 않아도
꽃 중의 꽃이거늘

사랑하는 마음으로
리모델링한다면

창조주가 심어놓은 자연의
신비스러움이 깨질까봐

있는 모습그대로
사랑하고 싶어라

사랑의 무게

내 어깨에 짊어진 삶의 무게는
그대를 사랑한 무게와
정비례함을 고백합니다.

살아갈수록 느껴지는
사랑의 무게가 삶의 구석구석에
깔려져 있음을 알았습니다.

사랑의 무게에 눌려져 있는
그대와 나
이별이란 말은 생각지도 못했습니다.

땅과 하늘이 맞닿고 있는 것은
사랑의 무게를 저울질하는
하나님의 섭리가 숨어있는 것은 아닐까요.

5월의 사랑

달아오르는 태양은
빨간장미를 피워
정열속에 가시가 있음을 암시한다.

하얗게 핀 이팝은
밤하늘 달빛에 어울겨
하얀 순정으로 흐느끼고

따스한 봄바람은
새풀옷 속살을 드러내며
사랑하라는 달콤한 노래소리

출렁이는 바다는
파란하늘과 입맞춤으로
파르르 떨며 부서진다.

사랑의 왕관을 쓰고
나타난 5월이여
청춘의 가슴을 불태우는가

사랑의 순서(1,2,3,4)

1. 갓 익어가는 복숭아처럼
   털도 덜 벗겨진 불그스러움이
   그녀의 얼굴에 번질 때
   순수한 첫사랑에 순정을 바쳤고

2. 오뉴월 태양빛에 익어버린
   빨간석류는 터져버릴 정도로
   몸 부딪혀 정열을 토하는
   불나비가 되어 밤마다 몸을 더듬고

3. 엔진 꺼진 자동차에 시동을 걸 듯
   다리걸쳐 엑세레다 밟아보지만
   걸리지 않는 안타까움에
   두 눈 감고 팔베개로 위안을 삼고

4. 황혼 노을 지는 산자락을 바라볼때는
   사랑의 낭만을 가슴에 차곡차곡 쌓으면서
   깊은 밤 지새워 아침햇살 고이받아

주름패인 그녀의 얼굴에 미소를 띄운다.

사랑의 묘약

사랑은 받는 것 보다
주는 것이 더 행복하기에
오늘도 사랑의 묘약을 생산하려고
재촉하는 아름다운 발걸음들

모든 일에 참고 견디며
노하기를 더디하며
먼저 당신의 마음을 헤아려 보는
여유있는 아름다운 미소가
세상을 살맛나게 하는
사랑의 묘약이라는 것을 아시나요

사랑의 묘약을 나눌 줄 아는 사람들은
세상을 밝게, 인생을 즐겁게
살아갈 줄 아는 행복한 삶이랍니다.

사랑의 옹이(고난주간)

태초에 자기 형상을 따라
사람을 창조하신 하나님
사람을 창조하였기에
그분은 가슴에 풀리지 않는
사랑의 옹이를 안고 계셔야만 했다

죄인을 끌어안는 사랑은
생명의 제물이 아니고는 어찌 있을 수 있으랴

하늘 보좌 버리고
천하디 천한 이 땅에
육신의 옷을 입고 오셨으니

이름하여 예수그리스도
구원의 빛, 생명의 빛, 사랑의 빛

아아~ 그러나 그분은
인류의 죄 값을 치러야만 했다
너무나도 처절하게

가시면류관 쓰고
십자가에 달린 사랑의 옹이는
세 개의 대못으로 말미암아

울리는 망치소리와 함께
끈적끈적한 핏물로
뜨겁게 뜨겁게 흘러내렸다

피흘림 없이는 죄사함이 없느니라(히 9:23)
오늘도 사랑의 옹이는 죄사함의 불길로 타오르고 있다.

그리하지 아니하실지라도 (다니엘 3:18)

그대에게 영혼의 사랑을 바쳤습니다.
그대로 인한 존재감이 너무 확실했기에
그대 없는 나를 찾을 수가 없습니다.

설혹 그대가 이제와서 내미는 손을
거절한다 할지라도
목숨 바친 사랑의 희생에
외면한다 할지라도

비록 영혼속에서 그대가
빠져나간다 할지라도
그대의 눈동자 안에
내가 걸려있지 아니할지라도

나는 이미 그대가 쳐 놓은
그물망에 사랑의 포로가 되었기에
그리하지
아니하실지라도

그대를 향한 나의 마음은
망부석으로 굳어져 있습니다.
그대를 향한 사랑의 노예이기에
나를 향해 그리하지마옵소서

생활에서 오는 감성들

눈에 걸린 달

어렸을 때 달은
엄마의 손가락 끝에 걸렸고

소년시절 달은
누나의 손끝에 달려 있더니

청년시절 달은
소녀의 창가에 걸려져 있었다

회오리 거칠어
달마저 거두워 갖는가 싶더니

지금의 달은
그대의 얼굴로 눈망울에 걸려져 있다

6월의 노래

여리게 새싹이 돋는가 싶더니
어느새 독설품은 시어머니의 입술처럼
새파란 신록으로 산천을 뒤덮고

생명의 우렁참을 우주의 노래소리로
여름의 향기로 가득채웠다

풀벌레 우는 소리, 산새우는소리
졸졸 흐르는 시냇물 흐르는 소리

6월의 노래는
한철의 생명을 환희(歡喜)하는
로미오와 줄리엣의 사랑의 찬가인가

벌거벗어도 시원찮은 태양의 열기가
사랑에 미쳐버린 불나비를 끌어모으듯
해변으로, 강변으로

저 찬란한 생명의 기쁨을
저 달콤한 사랑의 희열(喜悅)을
6월이여 노래하자, 우주에 가득차게

낙엽의 아우성

초겨울 바람이 싸늘하게
몸을 감고 휘돌아 갈 때
푸라다스 메마른 낙엽이
구두발에 깔려 부스럭 부서지는 아우성

얼굴만큼이나 큰 이파리가
구두발밑에서 신음의 아우성을 친다
네가 뭔데 날아가는 내 삶의 마지막을
이렇게 짓밟아 부수고 있느냐?고

너는 나보다 잘한 것이 뭣이 있냐고
나는 황막한 도시를 푸르게 해줬고
나그네의 그늘이 되어 쉼터가 되었고
도시의 탄소를 내 몸에 집어 삼켰다

이제는 자유의 몸으로 바람의 세계로
날아가는데 그것마저 밟아버리느냐
내가 존재 할때 너는 무엇을 하였느냐?
아우성이 부끄러워 구두발을 옮겼다.

간밤의 통증

저녁 밥을 먹고
9시 뉴스를 시청하는데
배가 통증을 느끼기 시작한다

몸의 조율이 필요하다
악기를 다루는데는 무뢰한이지만
74년을 다뤄온 유일한 악기

내 몸을 내가 잘안다
마누라는 약사노릇 좀 그만하라고
병원가라고 다그치지만

죽을 병 아닌 이상엔
내 손으로 조율할 수 있어
상비약으로 처방을 한다

소화제 2알, 타이레놀 2알을
처방했더니 통증은 여전하다

야, 이놈봐라

잠시후 대전병원에서 이전에 처방해줬던
1회용 한 봉 입에 털고 기다렸더니
통증은 여전하다

밤 10시 병원가는게 무서워
소화제 한알과 위장장애 한 알을
또 처방했다

5분이 경과하니 통증이 가라 앉는다
휴- 안심이 된다
빨리 잠들고 싶어 눈을 감았다

역시 내 악기는 내가 조율해야지
평안한 몸으로 아침햇살을 맞으니
그렇게 좋을 수가 없다.

생각 없는 남자

아내는 생각 없는 남자라고
오늘도 핀잔을 준다.
의식이 있어 존재하는 날까지
왜 생각이 없으련만

집에만 들어오면
머리도 휴식
손.발도 휴식
온통 멈춰버린다. 돌.

50년 해로살이를 했으니
믿어지는 것은 당신뿐
밖에서는 생각의 파란(破卵)으로
날개 치듯 날지만

잠옷을 걸치는 순간
생각을 접는
날개쭉지 내려놓은

생각 없는 남자...돌...

아내를 믿는 믿음의 열매는
생각 없는 휴식의 평화가
온밤에 가득차게 맺혀
아내의 핀잔마저 사랑스럽다.

* 파란(破卵):알을 깨고 나오는 것

월세(月貰)

부자는 모른다
달콤한 와인 잔에는
가난한자가 흘리는 월세의 눈물을

영끌로 긁어모아
월세 바치고 나면
휴우~ 안도의 한숨

이제 보름간의 행복이 시작된다
대견하고 흐뭇한 자신감
짐 내려 놓은 가벼움

벽에 걸린 날짜가 왜 그렇게 빠른지
월세 바칠 날이 크게 다가온다
머릿속이 무겁게 돌아간다

이제 보름간의 영끌 불행이
애간장으로 끓어 오른다
보름간의 행복을 위하여

*영끌: 영혼의 끝까지 끌어 모으는 것

바둑

눈 감으면 우주에 쳐 놓은
사각의 그물망에 흰 새 검은 새
수를 놓으며 날아다닌다.

바둑삼매경(三昧境)에 빠지면
도끼자루 썩는줄 모른다
가히 신비로워
바둑돌 놓는 손이 떨린다.

제갈 공명의 한수가
조조의 간사함을 격파하듯

흰돌 검은돌 속에서
세상의 공평함을
정의가 물같이 흘러감을

사각의 목판위에서
365일 사계절에 빠져
배우는 지혜로움인가 하노라

왠지 그런 날

찌푸듯한 하늘
몸이 무거운 아침
왠지 오늘은 쉬고 싶은 그런 날

구름도 울고 싶어 하는
왠지 그런 날에
"그래 너 열심히 살아왔어
오늘은 하루 쉬어"
듣고 싶은 날, 마음 무거운 출근길

남에게는 듣기 좋은 말도
위로도 많이 해주었건만
나에게는 위로 한마디 없이
혹사시키며 살아온 일상(日常)들

오늘은 왠지
"그래 너는 훌륭해, 열심히 살았어"
내 몸에 칭찬해주고 싶은 그런 날

퇴근길엔 푸념 나눌만한 친구와
식탁에 마주 앉아 넋살 떨고 싶은
오늘은 왠지 그런 날

가까이 있는데도 잃어버렸던
당신의 품이 애절하게 그리워지는
왠지 그런 날

쪽잠

한여름 장마철에

지루함이 쌓인다

몸속에 밀려오는

나사풀린 한나절

 아차차 눈을 떠보니

쪽잠속에 빠졌네.

부동산 풍경

호랭이 담배피우던 시절
복덕방이 아니다
노잣돈 몇푼에 수고할 할배는 없다
화투판, 장기판, 바둑판
사라진지 오래다

오다가다 쉬어가며 냉수마시고
세상풍문 나누며
장돌뱅이 지식 나누던
정겨운 복덕방은 꿈에서나 찾아라

벽에 걸린 액자속의 자격증이
억, 억 하고 소리치고
책상앞의 컴퓨터는 등기부등본을 쏟아내며
중개사는 안경너머 눈알이
벌겋게 달아 오른다

중개사를 가운데 끼고
매도, 매수인의 기싸움에
잔머리 굴리는 중개사
언변의 순발력이 나타나야만 한다

인생대학에서 획득한
공인되지 아니한 박사학위의 논설이
거창하게 펼쳐지면
그래 맞아! 도장내줘

천국 같은 기분으로 필체를 휘두르는 중개사
오늘도 한건 했다
퇴근할 때 쇠고기 등심살 사들고 가야겠다

아내가 뿔났다

토끼눈처럼 동그란 눈에
피뿌리 줄기가 빨갛게 뻗어나갔다
아내가 하지 말라는 것을
저지르고 왔다

남편은 언제나 남의 편이 되어서
아내편이 못되어 주고
살아간 세월이 반백년이 다 되었건만
지금도 사고만 치고 돌아오는 사람

가슴에 피뿌리가 손끝에서 발끝까지
번져 머리는 피뿌리 풀로 하얗게 피었다
그래도 아내이기에

남의 편들이 모인자리엔
입술에는 빨간 상두화 꽃을 머금고
미소지어 주는 덕분에
체면치레하며 살아왔다

아내는 언제나 집에서는 뿔난 토끼
밖에서는 빨간 립스틱에 웃음의 립서비스
그래도 나는 좋다
아내가 있기에 내가 있기 때문에

설날 아침이 되면

매년 설날 아침이 되면
꼭두새벽에 바람이 잦아들고
온세상이 고요에 잠들었을 때
장독대에 촛불켜고 손비비며
두손모아 소원빌던 어머니 생각이 난다

미세한 새벽바람에
가물거리던 촛불은
어머니의 정성을 못잊어
실날같이 연명을 이어
첫닭 울음의 눈물로 방울져 내렸다

아들은 올 설날에도
동해에 용광로의 이글거림으로
떠오르는 태양을 바라보며
촛불속에 숨어 있는 어머니의 소원이
지금 내가 기도하고 있는 소원이 아닐까

계절에서 느껴지는 감성들

가을비 사연

겨울을 실고 오는 가을비가
밤이 새도록 부슬부슬 소리없이 내렸다

노랗게 옷 갈아입은 은행나무는
가을비의 눈물로 갈잎을 떨어트려
길바닥에 노랑이불을 깔았다

외로운 가지는 노랑리봉 몇 개 달고
가을비가 주고 간 찬바람에
파르르 떨면서 아침 햇님과 입맞춤한다.

마지막 남은 잎새는
밤새흘린 눈물이 마르지 않아
영롱한 방울로 이별을 속삭인다.

단풍미인

가을산에
울긋불긋
단풍치마 입었네

단풍미인
저 멀리서
날 오라고 부르네

서리오면
떠난다고
들뜬마음 재촉하네

계절여행

계절의 여행자는
노랑 개나리 왕관을 쓰고
화려한 자태로 피어나는
화분(花粉)따는 꿀벌로 날더니

어느새
장미를 지워버린
뜨거운 태양은 쪽빛 하늘아래
에메랄드 빛으로 파도치는
푸른 바다로 내몰았다.

벌거벗은 청춘을
열풍으로 불타오르게 하더니

계절의 여행자를
단풍의 치마폭에
휘감아 올려놓고 훌쩍 떠났다.

외로움과 그리움이 교차되는
쓸쓸한 길목에서
뒹구는 낙엽을 바라보며
또 하나의 목마(木馬)를 기다린다.

나무깎기의 계절이 성큼 다가와
흰눈 내리는 마당에서
녹슬은 도끼로 장작을 패며
다시 올 파랑새를 기다린다.

가을여행

역마기가 있어서 그런가
유독 가을을 탄다.

빈가방 등에 메고
단풍낙엽 밟으며
스산한 바람 맞으며 여행을 떠나고 싶다.

졸졸졸 차갑게 들려오는
시냇물 소리
외로움 가슴 달래주는
물새소리

고운 단풍잎 책갈피에 끼던 그 시절
빈 가방에 낭만을 잔뜩 담고 와야
가을밤을 이길 것 같다.

가을밤

뜨락엔
뜨거운 정열을 토하던
장미의 계절은 가고
고추잠자리 맴도는
코스모스 계절이 왔구나

밤새워
귀뚜라미 우는 소리
외로워 잠 못 이루는
여인의 응어리진 가슴을
풀어주는 노래소리

낙엽이
사각사각 바람에 날리는 소리에
그리운님 오는 발자국인가 싶어
눈 떠서 창문을 열어보니
외로운 초생달만 눈 맞춤한다.

가을 감정

선선한 가을 바람에
단풍잎 어우러진 동산에 누워
하늘에 흐르는 구름사다리에
몸을 걸치고 그네 뛰며
세상 한번 보고 싶어라

사람 떠난 가을해변
엄마의 손등 같은 백사장 거닐며
그립고 보고픈 사람
크게 크게 동그라미 그리며
이름한번 새겨놓고 싶어라

흐르는 야속한 세월 이기려고
산골짝 흐르는 시냇물 따라
단풍 쫓아 정상에 올라
"야호~" 그대 이름 부르며
들려오는 메아리 듣고 싶어라

외롭다고 하는 그대여
"나도 외로워요"
가을감정에 너무 예민한 탓일까
그러나 늘 내 곁에 있는
그대가 있기에 올 가을도
낭만을 벗고 땀 흘리며 살고 싶어라

금잔화

처서가 지나고
담밑에는 금잔화 곱게 피었다.
달마중 나가는
누나의 발자국 소리 들으려
사립문 사이로 얼굴을 내민다

보름달 아래 빛 좋은 꽃봉우리
처녀로 무르익는 누나의 얼굴
밤늦게 들어온 하얀 고무신에
이슬에 젖은 꽃잎파리
애절하게 얹혀져 있다.

참나리꽃

산길 자락따라 산소가는 길에
우거진 잡초속에 참나리 꽃 한송이
우아하고도 아름답게 피었다.

노란빛이 도는 얼굴에
수줍은 듯 붉은색 홍조로
자주색점 쥬얼리(Jewelry)로 피었다.

잡초들이 우러러 보는 여왕처럼
자태곱게 화려하건만
어쩐지 외로워 보여 안쓰럽다.

발길 떼지 못해
눈으로 보는 유혹을 넘어
소유하고 싶은 탐욕의 심보여

홀로핀 참나리 꽃만도 못한
양심의 부끄러움을
청명한 하늘에 고백하며 발길을 뗀다.

*참나리 꽃: 백합과 종의 산과들에서 피는 꽃

밤 비

장마철 여름밤비가
후두득 후두득
잠을 청하는 뇌속에 파고든다.

오라는 잠은 안오고
상처난 추억의 파노라만
눈동자속에 파랗게 그려진다.

후두득 후두득
멍든 내 가슴 후려패듯
다듬이질 하는 방망이 소리

잊으려는 몸부림으로
뒤치덕 거려보지만
하얀밤 그대로 비소리와 싸웠다.

하늘, 땅, 나

푸르른 하늘에 소망을 두고
회색의 도시에서 땅바닥을 기는 나
영혼은 바람에 날려 하늘을 향하고
육신은 땅에 붙잡혀 애만 태우네

하늘과 땅 사이에
하잘 것 없는 목숨을 부여잡고
존재(存在)라는 삶의 의미를 찾아
사랑의 메아리 듣는다.

두둥실 흘러가는 하얀 구름은
내 마음 로망(roman)을 이루는 천국
땅에서 흘린 상처난 눈물은
천사의 눈물로 이 땅에 뿌려지겠지

갈대밭 사이 길

대전천 갈대밭 사이길을 걷노라면
바람에 흩날리는 하얀 갈대꽃따라
생각나는 그 사람 찾아가고 싶다

회색빛 가을 하늘아래
갈대에서 풍겨오는 진한 낭만의 냄새
뻥 뚫어진 가슴을 쓸고가는 휑한 바람

남자의 세월 속에 묻혀진 사연들
굳어진 뇌리에서 깨어나는 그리움
날아가는 갈대꽃따라 흐느적거린다

인연과 인연사이에서
맺어진 감성들

부모(父母)

이 땅에
이보다 더 귀한 이름이 있을까
아버지 어머니
생명의 잉태를 위하여
자신을 던져버린 성애(性愛)

빠알간 핏덩이를 품에 안는 순간
사랑을 구걸하는 생명의 울음소리에
애간장 태우는 핏줄의 옹이는 시작되었다

허물 수 없는 둥지 안에서
입벌리는 새끼들 속에 먹이를 물려주는
행복과 기쁨에 살 패이는 아픔 모르고
웃고 울며 세월 지나다 보니

어느덧
빈 껍질만 남은 우렁이가 되어
출렁이는 물결에 부평초 신세
흰머리 날리며 하늘만 바라본다

태산 같은 짐을 지고
황소처럼 앞만 보고 왔더니
다 자란 새끼들 제 잘난 출세 자랑에
뒤안길에서 흘렸던 눈물샘은 메마를지라도
영원한 이름이여
아버지 어머니

*옹이: 소나무 가지치기 후 송진이 솟는 상처

엄마의 향기

애야, 날 따뜻해졌다
민들레 사이로 노랑나비 난다
멍멍이 몰고 나물 캐러가자

엄마는 그렇게 봄을 기다렸나보다
올 봄에도 엄마의 향기를 맡으며
진달래 만발한 산소 길에 오른다

단풍미인들의 여행

단풍미인들의 여행이 시작되었다
15인승 버스 안에 벌써 단풍이 들었다.
감미로운 향수냄새와 함께
곱게곱게 단장한 얼굴들

패션도 울긋불긋
빠알간 립스틱에 아름다운미소
마음은 노란 풍선처럼 떠오르는
파아란 스카이(sky)하늘

버스 안이 단풍이거늘
설악산, 내장산이 별거더냐
단풍미인들의 수다에
동승한 남정네들 얼굴에 핀 꽃

차창에 들어오는 오색단풍의
만경홍산(滿景紅山) 절경이
단풍미인들의 함성 속에서

내장산 단풍은 이렇게 녹아나고 있었다.

원목교회 내장산 단풍놀이
2020년 11월 5일

내장산 하얀소녀들

5색 비단 이불로
깔려진 단풍나무아래
하얀 소녀들은
검정머리 추억하며

낭만속으로 빠져들어가
마냥 뒹굴고만 싶어져
어우러져 포개안고
핸드폰 카메라에 포즈를 취한다

가지사이로 가느다란 햇빛이
파르르 떨며 눈시울에 닿을 때
허무한 세월속에서
마음은 아직도 소녀라는 것을 느낀다.

박찬순, 정송자, 최호분,
양정옥, 노경자, 김선례님께 드립니다.

원목교회

꽃은 필 때만 아름다운가
사그라질 무렵엔
더욱 진한 향기와
찬란한 색깔로
아름다움을 진동시킨다.

오래된 꽃일수록
꽃다운 자태가 더욱 진동하나│
백일홍의 순결함이
아쉬움으로 쪽빛하늘로 흩어질 때
세월은 질투의 눈으로 애태운다.

꽃들이 모여 입술을 열어 노래하는 곳
아름다운 화단에
즐겁게 노래하는 새들
즐거워라 기다림의 시간들
원목교회 예배는 향기로 올려진다.

행사 낭송시

더하기, 빼기(+, −) − 통일을 염원하면서 −
〈광복절 기념예배에서〉

더하기는 살리는 것입니다.
하늘 높이 솟는 십자가는
모두 더하라고 합니다.

갈라진 곳에, 나뉘어진 곳에
더하여 하나되라고
하나되면 생명과 평안이 있다고

북녘땅을 향한 십자가는
하나되어 통일 하라고
무언의 메시지를 던집니다.

빼기는 죽이는 것입니다.
죽은 자는 빼기(−)로 눕습니다.
빼고, 빼고, 나면 남는 것은 없습니다. zero

물고 뜯다가 아귀(餓鬼)가 되어
피 냄새를 맡고 사는
사망의 세상이 될 것입니다.

휴전선에 그어진 빼기의 철조망은
남과 북을 갈라놓고
서로 물고 뜯는 훈련장을 만들었습니다.

아~ 우리는 빼기의 현장 속에 살고 있는
불쌍한 민족입니다.
기도합시다. 더하기의 통일이 오기를 ……

비젼 2020 총회 군 선교회 헌시
〈사랑의 교회(오정현목사)에서〉

둥·둥·둥 전진의 북소리가 들려온다
하늘에서는 여호와 닛시의 깃발을 든
천사들이 승리의 팡파레를 울리며
우리들 속으로 날아온다

오늘은
백명에 열명, 천명에 백명, 만명에 천명으로
뽑힌 빛의 사자들의 모임이다. (삿 20:10)
곧, 하나님의 비젼 2020 총회 군 선교회 날이다.

새벽이슬 같은 조국의 청년들에게
누가 주의 거룩한 옷을 입힐 것인가
하나님이 주신 저 황금 어장에
누가 베드로의 그물을 던질 것인가

청년이 살아야 나라가 살고
청년이 살아야 교회가 산다는
절대 절명의 위기 앞에서
나를 보내주소서! 이사야의 외침으로 우리는 모였다

남북을 가르는 저 녹쓴 철조망은
얼마나 더 뜨거운 사랑을 퍼부어야
녹아 내릴 것인가
아- 사랑의 눈물이 필요하다

군목들의 전선의 기도소리는
눈물로 여울져 하늘을 울리는데
나 어찌 가만히 있으랴
보내는 선교사명 가슴뜨겁다.

그리스도의 사랑이
용사들 영혼에 꽃 피워질 때
이 땅에는 그리스도의 푸른 계절이 오고
복음으로 통일된 할렐루야 함성이 있는 그날

비젼 2020 총회는 그날이 오기까지
다 찾아 올 때까지
우리의 힘, 하나로 뭉쳐서
기드온의 용사들처럼 전진하리라
전진하리라!

　　　　　　　　대한예수교장로회
　　　　　　　　비젼 2020 총회에 부쳐

진중세례식 (논산훈련소)

오늘은 기쁜 날
눈을 들어 하늘을 보라
주의 천사들의 팡파레가 울리니
새벽이슬같은 주의 청년들이 나오는도다

하늘과 땅에서 승전가를 부를 자 누구냐?
여호와 닛시의 깃발을 들고 나갈자가 아니겠는가
오늘 그리스도의 부르심에 무릎 꿇는 용사들이여
주의 호령(號令)났으니 세례를 받으라

위에서 내려오는 비둘기 같은 순결한 영으로
거룩한 옷을 입고 사랑의 원자탄을 가슴에 품어
뜨거운 사랑의 열정으로 철조망을 태우라
그대들의 무기는 하나님의 사랑이니라

십자군의 용사여! 두려워 말라, 떨지 말라
그대는 이제 하나님의 것이라
내 안에 그리스도가 사시니 능력주시는 자 안에서

그대가 있는 곳에 승리가 있으리라

오늘 성수(聖水)에 몸을 담궈 세례를 받아
하나님의 사람으로 거듭난 빛의 사자들이여
철조망 넘어 어둠의 세계에 빛을 발하라
모든 어둠의 등대가 되어 생명을 구원하라

이제 그대들의 군호는 할렐루야요
이제 그대들의 군가는 찬송가요
이제 그대들의 무기는 사랑의 십자가요
이제 그대들의 깃발은 여호와 닛시라

하늘에서는 마귀가 떨고
땅에서는 어둠이 떠니
영과 육으로 싸우면 이기는
천하제일 무적의 십자군의 부대가 창설 되었도다
할렐루야!

제17회기 대전지회총회
〈판암장로교회(홍성현목사)에서〉

17년전에 지어진 이름
총회군선교회대전지회
세찬바람 앞에서도 촛불은 꺼지지 않았다
기도의 불이었기 때문이다

60만 병영안에 보이지 않는 제단을 쌓고
푸른제복의 영혼들의 구원을
눈물로써 기도해온 선지자들
오늘 모인 대전지회 선교회원들이다

새벽이슬 같은
청순한 푸른제복의 젊은이들 보라
정열을 토해 내는 연병장의 함성은
사랑을 구애(求愛)하는 환호가 아닌가

훈련에 그을려진 얼굴속에
별빛처럼 초롱히 빛나는 저 눈동자는

구원의 손길을 기다리는
애절함이 아닌가

누가 병영의 용사들에게
사랑의 보따리를 풀고
구원의 손을 내밀 것인가?
"내가 여기 있나이다"
대답할 자 여기 모였도다

육십만 젊은 영혼들의 바다 갈릴리 바다에
그물을 던지라는 하나님의 명령
우리는 베드로가 되어 그물을 던집니다.
대한민국의 중앙에서 더 깊은데로 가려합니다.
하나님은 더 큰 꿈을 꾸라고 말씀하십니다.

미스바로 모여라
여호와의 총회가 여기 있나니
총회군선교회 대전지회 제17회 총회

백명에 열명. 천명에 백명. 만명에 천명으로(삿 20:10)

선택받은자들이여

병영(兵營)안에 주의 권능이 임하는 날
이땅에 그리스도의 푸른 계절이 오리니
가자! 여호와 닛시의 깃발을 높이들고
파송받은 선교회원들이여

2019년 12월 26일

총회군선교회 대전지회 제17회기 총회

성탄절에 예수님은 어디에?
〈새힘교회(최신일목사)에서〉

천한 계집종 마리아의 피눈물의 기도가
유대땅 별이되어 동방박사를 인도하여
베들레헴 아기예수를 경배케 하니
천사들의 노래가
"그의 이름은 임마누엘이라!"

하나님이 우리와 함께 하는 날
구원의 광빛이 어둔 세상에 비칠 때
비천한 목자들에게도 천사의 노래가
"지극히 높은 곳에서는 하나님께 영광,
땅에서는 기뻐하는 자들의 평화로다"

높은 자를 내리시고 천한 자를 올리시려
친히 구유의 낮은자리로 오신 아기예수님
그러나 오늘은
우는자가 바라봐야할 십자가는 너무 높고
회개의 눈물을 닦아줄 목사의 가운은 너무 화려합니다

예수님은 어디에 계십니까?
밤새워 마시는 와인잔 속에 출렁이고 계십니까?
화려하게 반짝이는 츄리 안에서 빛나고 계십니까?
붉은 옷을 걸친 산타의 옷속에 가려져 있습니까?
목사님의 화려한 큐빅단추 속에 계십니까?
죄인이 들어가기엔 너무 장엄한 교회당에 계십니까?

거리마다 "기쁘다 구주 오셨네"
칸타타의 찬양은 감각없는 악따구니가 되고
교회마다 외치는 "온세상의 구주라!" 립서비스는
메아리 없는 울림입니다.
예수님은 어디에 계십니까?

쪽방촌 시려운 겨울에 떠는
할머니의 숨소리에 있습니까?
굶주림에 빵하나 훔쳐들고
골목에서 떠는 소년의 손길 속에 있습니까?

병원 앞에서 병든 아기 등에 업고 쩔쩔매는
미혼모의 눈물속에 있습니까?

부자가 천국 가는 것이 약대가 바늘구멍에
들어가는 것보다 더 어렵다고 했는데
오늘의 성탄절은 가진 자가 예수님을 놓아 주지 않네요
비천한 목자에게 천사의 노래를 들려주시고
마리아의 눈물을 닦아 주신 예수님을 만나고 싶어요

예수님은 어디에 계십니까?

헤롯의 칼날 끝에 놀아나는
붉은 와인잔의 성탄절이 아니기를
두손 모아 간절히 기도합니다.

스물셋 천사들의 복음의 팡파레
〈제자교회(김익수목사) 필리핀 선교를 다녀와서〉

스물셋 천사들이 필리핀 하늘에 떴다
갈릴리 호수의 푸르름을 들여마신
청아한 하늘은
베드로가 던진 그물망 구름선으로
하얗게 하얗게 번져 나가고 있었다.

BIC 교회를 전진 기지로 삼아
새롭게 건축된 구원의 방주 바나바 교회
오병이어의 떡이 필요한 쏠리드락 교회
버림받은 영혼의 마을, 사방바토 교회
눈물의 골짜기, 싼마르틴교회

메리크리스마스의 종소리와 함께
하나님의 사랑의 선물보따리를 들고
스물셋 천사들은 쉬지 않고 영혼을 찾았다

별빛처럼 빛나는 까만 눈동자에
그리스도의 희망이 등대가 켜지기를
아름다운 미소의 입술에서
구원의 찬송이 불리워지기를

스물셋 천사들은 저들의 심령속에
복음의 나팔을 울렸다.
"하나님은 사랑이시라!"
"수고하고 무거운 짐진 자들아 내게로 오라
내가 너희를 쉬게하리라!"

팡파레의 울림은
숨어있는 영혼들의 기다림이었던가
가는 곳마다 모여드는 인파들
사랑달라고 내미는 손길
아~ 구원의 손길, 주님의 손길이 필요한 곳

스물셋 천사들은
복음의 날개로 저들을 품어안고
"오~ 주여 이곳에 구원의 빛이
불타오르게 하소서" 아멘
간절한 눈물의 기도로 날개를 접었다.

        2019년 11월 24일~ 29일
      제자교회의 필리핀선교에 동참하면서

달려갈 길 다가고

【정림제일교회 김원필원로목사 추대시】

우주보다 큰 당신의 쏟아지는 사랑앞에서
"내가 누구를 보내며 누가 우리를 위하여 갈꼬"
간절히 부르는 음성앞에서
거역 할 수 없어, 외면 할 수 없어

"내가 여기 있나이다. 나를 보내소서!"
이 거룩한 부르심의 소명으로
십자가의 도(道)를 가슴에 품고
푸른 제복속으로 몸을 던져
병사의 눈물 그릇받이로 23년,

부르심에 점지된 운명은
정림제일 제단에서 십자가에 몸을 걸라하셨네
선한 목자의 길로
잃어버린 양을 찾아 헤메인지 21년

땅에 것을 생각지 아니하며

오직 주바라기로 헐떡였습니다.
당신의 영광이라면 쓰레기통도 좋았습니다.
당신의 기쁨이라면 시몬 구레네도 좋았습니다.

그러나 흐르는 세월속에서
한겹줄 한겹줄 벗겨내어 나목(裸木)을 만들더니
마지막 걸친 성의(聖衣)마저 벗으라 하네

오르는 것보다 내려가기가 어렵고
새기는 것보다 지우는 것이 더 어렵다는
진리를 깨달으며 제단을 내려설 때

그래도 위로가 됨은
당신께서 탁월한 후계자를 보내셨음이라
모세의 후계자 여호수아 같이 저는 탁월하리라!
아멘

정림제일교회는 내 눈망울에 붙어있어
백발을 날리며 달려갈길 다 간 후에도
영화의 면류관, 의의 면류관 보석으로
천국에서 빛나리라

나는 이제 갑니다
정림제일교회 흔적을 성과육에 딤고
또 한번의 승리의 날을 약속하며
나의 갈길을 가려합니다.

2019년 11월 16일

큰 별
【가장축복교회 강의창 장로 원로 추대식에서】

황무지에 장미꽃 피우듯
사막에 샤론의 향기로
오직,
예수그리스도의 냄새로 살아온 사람

하늘에 큰 별이 되어
어두움에 더욱 빛나던
봉사와 헌신의 광채들

눈물에 빛을 발하고
땀으로 소망을 선포하고
행동으로 승리한 사람

그대의 숨결과 흔적은
이곳뿐이겠습니까
발자국 닿는 곳마다
큰 별빛으로 세계에 어리어있습니다.

이제,
세월의 연륜에 따라
가장축복교회에서
 가장 아름답게 계단을 내려옵니다.

그러나,
큰별은 쉽게 가리워 지지 않습니다.
조용히 그 자리에서 빛날 뿐입니다.

2020년 11월 14일

별빛처럼 빛나거라!
【새힘교회집사안수 및 권사취임과 명예권사 추대】

청명한 가을하늘에
천사들의 팡파레가 온 우주에
가득차게 울려퍼지는 날

새힘교회에 새힘을 더하는
경사스런 행사를 열었으니
위에 계신 분이 하늘 문을 열었다.

박영건 집사안수
김영숙 권사취임
원옥자 명예권사추대

믿음의 성도로써
온 교우들의 추앙을 받는 그대들이여
밤하늘의 별빛처럼 빛나거라

성령께서 주시는 능력안에서
사랑의 은사로 교회에 베풀고
헌신의 은사로 교회를 끌어안으라

이 땅에서
그대들의 몸은 십자가에 걸렸으니
죽도록 충성하라

그리하면
하늘에서 보화가 쏟아지며
의의 면류관, 생명의 면류관이 씌워지리라

밤에 빛나는 별처럼
아름다운 보석은 없나니
진리에 매인 그대들은 참으로 아름답구나

김하윤 동시집

『김하윤 Profile』

· 대전목동초등학교 3학년
· 2019년 행복재단 아동시 출품작
　　　　대전교육감 우수상 수상

공주님 우리 엄마

우리 집에는 우아한 분이 계신다

엄마는 공주님
예쁘고 착하고 좋아!

나는 어쩌다가
공주님 부하가 되었는지 모르겠다
그치만 부하여도 이상하게 좋다!

이렇게 예쁜 공주님이라면
죽을때까지 부하로 살아도
괜찮겠다

신발

신발은 나만보면 보챈다

세상이 보고 싶다고
나와 짝꿍이 되어 넓은 세상
걷고 싶다고
신발장안에 갇혀 있긴 싫다고

좋아! 신고나간 신발에
햇빛이 반짝반짝
내 눈빛도 반짝 반짝
신발도 반짝 반짝

장마

허? 구름이 검은 물감을 먹었나?
누가 슬프게 했나? 엄마가 보고 싶나?
구름아 구름아 그만 울어
슬퍼하지마

장마가 오고 있어
눈물을 마음껏 흘려도 괜찮아
그러나 내일은 방긋 웃어줘
왜? 네 생일이니까

선생님

선생님은 마술사일까?
수학, 국어 등등 뭐든지
다~~아신다

진짜 마술사 같다

예쁘고 똑똑하고 멋지고......
대단하다

술술 풀려 나오는 마술사
예쁜 입만 열면 답이 다 나온다
나도 선생님 같은 마술사가 되고 싶다.

가방

무거워 끙끙 댈 때
등에 있는 힘장사

가방은 나한테 맡겨
책.. 필통.. 물통.. 뭐든지

작크 열고 넣으면 돼
힘들어 하지만

네 등은 편하고 나도 좋아
힘장사 가방은 나의 친구

솜사탕

사르르 황홀하게 넘어간다
달콤새콤 행복한 입맛
돌돌 뭉쳐진 하얀 구름

꿈에 본 왕자님이
나에게 선물했던

사르르 녹아 내리는 솜사탕
입에 달고 살순 없을까

걱정이에요

골목길에 쓰레기
썩는 냄새에
방긋 웃던 얼굴 찡그려져요.

달리는 자동차 꽁무니에
시커먼 매운연기
길가에 민들레 콜록콜록

빵 빵-삥-
마구 눌러대는 크락션 소리
할아버지 할머니 깜짝깜짝

부글부글 비누거품
바다로 흘러가면
물고기들이 캑캑

걱정이예요

환경이 나빠지면

아픈사람들이 많다는데....

걱정이예요.

그림

그림을 그려볼까?

산을 그리자 쓱싹쓱싹
얼룩말을 그리자 쓱싹쓱싹

나무를 그리자 쓱싹쓱싹
곤충들도 그리자 쓱싹쓱싹
어여쁜 꽃들도 그리자 쓱싹쓱싹

하나님은 화가이신가봐
쓱싹쓱싹 너무도 아름다워

나쁜 시계

시계는 정말 나쁘다
내가 좋아하는 시간에는 아주아주 빨리간다

엄마 아빠가 책 읽어라
공부해라 할 때
시계는 미운친구
시간이 정말 늦게 간다

시계는 내 맘을 몰라준다
좋을 땐 시간이 빨리가고
싫을 땐 시간이 아주 늦게 간다
시계는 너무 밉다
아주 나쁜 시계

둘이 서로 만나서

칫솔과 치약이 만나서
예쁜 이빨이 됐지!

스케치북과 크레파스
만나서 예쁜 그림됐지!

엄마와 아빠가 만나서
예쁜 딸 낳았지!

사탕

입에 넣으면 살살 녹는다
깨물면 이빨은 아야!
그렇지만 더욱 맛있는 맛

하지만
사탕은 달콤한 바이러스
이빨 무너트리는 요정 같은 바이러스

아이스크림

고드름 같은 강철
이빨로 물면 앗 차가워
강철 아이스크림

여름엔 여름엔
강철아이스크림을 사랑할 수밖에 없어
딸기 맛, 포도 맛, 초코 맛...

옛날엔 아이스케키라고 불렀다나 봐

스노쿨링

뽀글뽀글
물고기를 잡아볼까?
으앙~ 너무 빨라
쉬익쉬익 바람처럼 달아나

바닷속을 구경해볼까?
우와! 예쁘다!
꿈에서 본 별나라에 온 것 같아.

언니

언니가 되고 싶다 부럽다
언니가 때리는데 같이 때려보지만
왜 언니손이 더 셀까?
언니는 나를 끌고 다니는 자석이 있나봐

언니가 휴대폰을 보면
나도 휴대폰을 보고
언니가 음악을 들으면
나도 음악을 듣는다

언니가 되고 싶다
언니가 가진 것 다 갖고 싶고
언니가 하는 것 다 하고 싶다
나도 언니가 되고 싶다

풍선

후욱~ 후욱~ 입 바람 넣으면
배불러 배불러 둥그렇게 부풀어 오르는
예쁘고 멋진 풍선

내 얼굴 만큼이나 예쁠까?
예뻐서 자꾸불면
그만, 그만, 소리치다

뻥 터지는 얄미운 풍선

하늘과 나

하늘은 파랗고 하얗고 연하다
때로는 기분이 안좋아서
뿌옇기도 하고 까맣기도 하다
낮에는 하얗고 저녁에는 까맣다

내 기분이랑 하늘 무언가
통하는 것 같다

낮엔 신나고 밤엔 무섭다
하늘은 나의 맘과 닮아서
친구 같다

우리교장선생님

등교길에 사랑합니다.
한마디하며
반겨주시는
우리교장선생님

가끔 반에서
드르륵 문을 열고
응원해주시는
우리교장선생님

해바라기처럼
밝은 미소를 지닌
사랑 많으신
우리교장 선생님

『詩評(評設)』

天上의 소리로 우리 가슴을 흔드는
양건상 詩人의 詩世界

엄 문 용

(US midwest 대학교 전총장)

詩는 우리가 일상생활에서 사용하는 언어로 삶의 이야기, 자연과의 만남과 창조의 섭리, 신비(神泌)의 세계를 아름답게 표현하는 예술이다.

음의 예술은 음악이고, 그림의 예술은 미술이지만, 언어의 예술은 문학으로서 한 장르의 詩는 상상력에서 시작한다. 이 상상(想像)은 '그리다'이고, 상상력은 그리는 힘이다.

詩人은 마음속으로만 그리는 시적 이미지가 창작(創作)하는 이들이다.

C.D 루이스는 "시적 이미지는 말로 그린 정열적 그림이라고 했다. 그러므로 詩人은 사랑을 바탕으로 열매를 맺는 언어예술가이다. 바로 詩人은 언어의 마술사라고도

한다.

어원적으로 볼때, 詩는 언어와 구도자의 만남이다. 言은 언어이며, 寺는 구도자의 기본자세이다. 겸손히 엎드려 절하는 모습을 담은 表現이라면, 구도자의 언어가 아닐까? 구도자는 늘 함께 살아가는 이웃, 자연, 하나님과 대화하며 오늘과 영원을 살아가는 우리에게 詩는 구도자의 언어이며, 정신이라 본다.

그러기에, 위대한 선택(choice)과 부단한 도전(challenge) 그리고 빛나는 변화(change)가 詩에서는 필연적 과정이다.

Blowing 詩人의 제자들이 '어떻게 선생님처럼 좋은 詩를 쓸수 있을까요?' 물을때, 답하기를 '나는 아직 최선에 이루지 못했다고 했다. (The best is yet to be) 바로 높은 이상과 힘찬 노력으로 구도자 처럼 갈고 닦아야 한다고 이야기를 한 것이다.

1. 詩의 구조는 한 예로서,
    기(起):시의 처음으로 정서와 의미를 일으키는 부분
        (일음)

승(承): 처음의 뜻을 받아 이어내는 부분(이음)
전(轉): 승과 결 사이에서 뜻을 한번 굴려 봐주는 부분
  (굴림)
결(結): 한편 전체를 거두어 끝 맺는 부분(맺음)으로
  나눌 수 있다고 본다.

시편 1편을 보면,
 기(起)의 부분: 의인의 길
  1. 복 있는 사람은
     악인의 꾀를 좇지 아니하며
     죄인의 길에 서지 아니하며
     오만한 자의 자리에 앉지 아니하고
  2. 오직 여호와의 율법을 즐거워 하여
     그 율법을 주야로 묵상하는자로다.
 승(承)의 부분: 행사형통(축복서술형)
  3절에서
   "저는 시냇가에 심은 나무가
   시절을 좇아 과실을 맺으며
   그 잎사귀가 마르지 아니함 같으니
   그 행사가 다 형통하리로다."
 진(轉)의 부문: 악인의 저주

4절에서
"악인은 그렇지 않음이여
 오직 바람에 나는 겨와 같도다."
5절에서
"그러므로 악인이 심판을 견디지 못하며 죄인이 의인
의 회중에 들지 못하리로다."
결(結)의 부문: 하나님의 공의로운 심판결과
6절에서
"대저 의인의 길은
여호와께서 인정하시나
악인의 길은 망하리로다."

이렇게 起,承,傳,結로 詩는 구조화되고, 모든 詩의 구성은 이 공식에 대입할 수도 있다고 본다. 또는 전(1~3절), 후(4~6절)로 구분할 수도 있다.

2. 詩의 수사(修辭)
 은유, 적유, 대조, 대구, 반복(강조, 운율적 효과), 결정(crystallization)의 물(結晶物)등을 제시 할 수 있다.
 양건상 詩人은 詩의 구조와 수사를 대체적으로 잘 맞추었다고 본다.

더우기 그의 詩는,
  1. 생활속에서 詩를 찾고,
  2. 누구나 이해 할 수 있고,
     공감할 수 있으며,
  3. 詩속에서 큰 의미와 생명을 던져주고 있다는 것이
그의 詩世界로 작가로서 높이 평가 받을 수 있다.
  고로 詩는 좋은 내용(內容)이며, 곧 사랑에서 시작한다는 것을 배우게 된다.

 3. 詩의 제목
  많은 제목중에서 왜 '사랑의 무게'를 택하였을까? 나는 아내를 가장 사랑한다는 것을 잘 나타내고 있는 詩이다. 잠재적 언어와 같다.

 사랑의 무게

 내 어깨에 짊어진 삶의 무게는
 그대를 사랑한 무게와
 정비례함을 고백합니다.

 살아갈수록 느껴지는

사랑의 무게가 삶의 구석구석에
깔려져 있음을 알았습니다.

사랑의 무게에 눌려있는
그대와 나
이별이란 생각지도 못했습니다.

땅과 하늘이 맞닿고 있는 것은
사랑의 무게를 저울질하는
하나님의 섭리가 숨어있는 것은 아닐까요.

  하나님의 세밀한 음성을 듣고 詩를 통해 주옥같은 언어로 사랑을 드러내는 대표작이기에 詩의 제목으로 삼았다고 본다.

  아내는 안해로 읽는다. 영어로 보면 'inner sun'(집안의 태양) 이다. 우리나라 아내의 표현은 영어의 'wife'는 동반자, 파트너로 본다면 깊은 의미를 가진다.

  양건상 詩人은 가장 아내의 사랑을 기리면서 글 이상의 잠재력이 숨어있는 귀한 詩이다.

특히 이 詩는 "사랑의 무게를 저울질 하는 하나님의 섭리가 숨어있는 것은 아닐가요?" 묻는 詩句에서 진한 감동을 준다.

양건상 詩人의 아름다운 마음에서 흘러나오는 詩는 독자에게 풍요한 삶을 살게하며 깊은 안위를 주는 교과서와 같다. 그의 詩는 수정처럼 맑으면서도 평화롭고 따뜻하고 진실하다.

내 어깨에 짊어진 삶의 무게는 "그대를 사랑한 무게와 정비례함을 느낀다."
詩人의 차별성은 다른 詩人이 보지 못한 노래가 있고 내일이 있다는 점에 있다. 더욱이 가식이 없는 보석같은 순간들을 한 편의 동요처럼 들려준다.

새 봄을 기다리는 계절에 양건상 詩人의 시집 '사랑의 무게' 속에서 자연을 노래하고 사람을 사랑하고 하나님을 높이며 살아가는 아름다운 이야기를 詩語로 옮겨좋은 한 폭의 그림처럼 독자들에게 다가오고 있다.

시의 심오한 내용을 잘 표현하여 읽는 이에게 깊은 감명을 주며, 사랑이 무엇인가를 관조(觀照)의 세계로 옮겨놓은 무지개 다리가 된다.

　양건상 詩人의 시는 생명력이 있고, 신앙의 세계에서 하나님을 만나게 되고, 상록수 같은 푸른 마음으로 안내한다.

　윤동주의 詩가 우리의 가슴을 뭉클하게 하듯 양건상 詩人의 詩는 삶속에서 체험한 좋은 詩는 독자들에 깊은 감명을 주며, 자주 읽고 음미하게 인도한다.

　너와 내가

　세상이 아름다운 것은
　너와 내가 함께
　사랑의 그림을 그려왔기 때문이야

　삶이 행복한 것은
　너와 내가 마음이
　다르지 않았기 때문이야

　오늘도 기쁨이 넘치는 것은

너와 내가 지금
함께 하고 있기 때문이야

세월을 후회하지 않는 것은
너와 내가 언제나
동행하고 있는 것 때문이야

이 詩속에서
"너와 내가 함께 사랑의 그림을 그려왔기 때문이야" (togetherness)와 "너와 내가 마음이 다르지 않았기 때문이야" (oneness) "오늘도 기쁨이 넘치는 것은 너와 내가 지금 함께 하고 있기 때문이야" (identification)
"세월을 후회하지 않는 것은 너와 내가 언제나(always) 너와 내가 동행(同行)하고 있는 것 때문이야" (Reep path with you)에서 양건상 詩人만이 가지는 독특한 표현이며, 자랑이라고 본다.

외손녀 김하윤 양의 동시모음과 같이 융참 출판도 깊은 의미가 있다.

외손녀 김하윤양의 동시를 읽다보면 깜짝 깜짝 놀랄만한 언어의 표현에 깊은 감동이 간다. 우리나라의 시세계를 밝게 만들 천재시인을 만난 느낌이다. 꾸밈없이 순간의 생각들을 글로 그림을 그리듯 순수하게 그려놓는 재주가 비상하다. 이런 외손녀가 있다는 것은 양건상 시인의 미래가 어둡지 않다는 것을 예견 할수 있다.

 시문학의 동반자로서 외손녀를 너무나 사랑하는 모습을 읽을 수 있다.
 Longfellow 詩人은 '사랑은 가장 달콤한 고통이라'고 했다. (love is the sweetest pain)
 사랑은 가장 가까이 있는 아내와 부모, 자녀 그리고 손자와 손녀부터 사랑하는 것을 배워야 한다.
 고통이 사랑을 만든다고 본다. 나와 떨어져 있는 이보다 나와 가장 가까이 있는 이들에게서 시작한다는 것을 잊어서는 안된다.
 사랑은 훈련해야 한다. 몸으로 표현해야 그 사랑이 빛나는 것이다. 이 詩속에서 많은 것을 배우게 된다.
 이 詩속에서 북두칠성을 본다. 금성이나 북극성처럼 화려하지 않지만 일곱별이 같은 마음으로 하늘시 수 놓고 모습에서 조화를 찾을 수 있다.

가을밤

뜨락엔 뜨거운 정열을 토하던
장미의 계절은 가고
고추 잠자리 맴도는
코스모스 계절이 왔구나

밤새워
귀뚜라미 우는 소리
외로워 잠 못이루는
여인의 응어리진 가슴을
풀어주는 노래소리

낙엽이
사각사각 바람에 날리는 소리에
그리운 님 오는 발자국인가 싶어
눈떠서 창문을 열어보니
외로운 초생달만 눈 맞춤한다.

"낙엽이
사각사각 바람에 날리는 소리에
그리운 님 오는 발자국인가 싶어
눈 떠서 창문을 열어보니
외로운 초생달만 눈맞춤한다"

가을을 노래하고 인생에 살아가는 도상(途上) 이기도 하고, '기다림'은 아름다운 이야기이기도 하다.
(waiting is beautiful story)
　가을 밤을 기다리는 마음에 잠기게 한다. 詩語의 선택이 대단하고, 중견작가로서 모습을 잘 보여주고 있다.
　가을 밤을 잘 그려주고 있다.
　"뜨거운 정열을 토하던
　　장미의 계절은 가고
　　고추잠자리 맴도는
　　코스모스 계절이 왔구나"

　이렇게 아름다운 표현을 할 수 있을까? 詩의 언어구사가 대단하다.

"밤새워
 귀뚜라미 우는 소리
 외로워 잠 못 이루는
 여인의 웅어리진 가슴을
 풀어주는 노래소리"

여인의 웅어리진 가슴을 풀어주는 노래소리가 독자의 치유의 메세지가 된다.
 양건상 詩人의 詩世界는 많은 독자들에게 감동을 주고, 詩를 사랑하는 사람들에게 희망을 준다.

 별은 높은 곳에 있고
 별은 말하지 않지만 웅변보다 강하고
 별은 늘 한결같고 위치를 바꾸지 않으며
 별은 방향을 제시하듯
 양건상 詩는 항상 높은 곳이 어디인가를 알려주고, 짧은 언어속에 폭포수 같이 쏟아지는 내용이 있고, 사랑을 바탕으로 그의 詩는 詩를 사랑하게 하고, 살아가는 지침서를 보여주는 듯하다.
 그의 詩는 읽으면 읽을수록 별처럼 빛난다. 6번째 시집이 기다려 진다. 그의 詩에는 진실이 있고, 내일이 있고,

'기다림'의 길이 있기에 반갑다.

양건상 詩를 통해 天上의 소리로 우리 가슴을 흔드는 진수의 문학이 있다.
시간이 갈수록 더욱 귀한 詩를 우리들에게 들려주리라 믿는다.

사랑의 무게

초판 1쇄 인쇄 2021년 3월 4일
초판 1쇄 발행 2021년 3월 10일

지은이 : 양건상, 김하윤
편집자 : 현수지
펴낸곳 : 상지출판사
주 소 : 대전광역시 중구 보문로 294, 3층
전 화 : (042) 252-5444
팩 스 : (042) 638-1415
E-mail : gack0191@daum.net
등록번호: 제2020-000029호

ISBN 979-11-972970-9-0
값 11.000원

이 출판물은 저작권법에 의해 보호를 받는 저작물이므로 무단 복제
할 수 없습니다.
잘못된 책은 구입처에서 교환하여 드립니다.
*이책은 한국예술복지재단의 소정의 지원을 받아 펴낸 책입니다.